SERÉ
LA TIERRA

Ana G. Aupi

EDICIONS

Título original: *Seré la tierra*
Primera edición: marzo 2024
© Del texto: Ana G. Aupi
© De esta edición: Pol·len edicions, sccl

C/Pere Serra, 1-15, 08173 Sant Cugat del Vallès
info@pol-len.cat / www.pol-len.cat

Corrección: Pol·len edicions
Maquetación: Cata Gómez Barros (Pol·len edicions)
Ilustración de cubierta: Aida I de Prada (Pol·len edicions)
Impresión: Qpprint, Catalunya
ISBN: 978-84-10255-05-0
Dipòsit Legal: B 7202-2024

Libro ecoeditado, consulta toda la información en las últimas páginas del libro.

PRÓLOGO

Un libro como despliegue de espejos que se reflejan en otros espejos ante la necesidad urgente de escucharnos, de enunciar, de nombrar las historias ocultas, silenciadas, relegadas, arrancadas. Un libro como una cartografía de la resistencia siendo las palabras hilos que tejen la trama de la vida, buscando narrar la fuerza indomable de los pueblos que han desafiado la opresión y han plantado semillas de esperanza, liberación y sanación. Un libro como un camino por la sombra y la luz, contando muertes y renacimientos, develando la conexión entre la memoria y el grito, entre la ternura y el susurro. Un libro como un manifiesto, donde el territorio, los territorios, se convierte en un gran poema vivo que deambulamos con la mirada y el corazón. Un libro como postales de la verdad marcadas por la crudeza, desafiando los silencios impuestos, desatando fronteras, cortando con su filo la indiferencia. Un libro como tributo honesto e inquebrantable a la dignidad. Un libro como una invocación a quienes retornan a este tiempo en los ojos de quienes leemos, un registro de existencias como biografías de afectos, de luchas, de sueños colectivos.

Rosa Chávez

INTRODUCCIÓN

Seré la tierra es el deseo de querer abrazar lo que nos arrancaron y no tuvimos tiempo de llorar. Es muy osado que mis brazos vayan a rodearlo, pero en este gesto anduvimos muchxs, tensando y estirando nuestros cuerpos al ritmo de agendas de grandes corporaciones, de gobiernos genocidas y de una izquierda heredera de una guerra, que no se termina.

No seré la primera en decir cómo se cuela la guerra en nuestros espacios, tampoco seré la primera fusilada o cancelada por señalarlo mirando a los a ojos a quienes lo hicieron.

Seré la tierra no es un paredón, todo lo contrario, es una afirmación sólida de ser la marginalidad de la izquierda, la disidencia en la disidencia, como pronunciamiento, y como enunciación. Como continuidad histórica de quienes no queremos el lugar en la foto.

Seré la tierra es resistir al olvido, es velar lxs muertxs que nos dejaron en medio de la prisa y la urgencia. Perdimos aquello por lo que hubiéramos estado dispuestxs a morir, quizá por ello me siento responsable de velar a todxs, de no hundirlxs en el olvido, quizá para no olvidar quien soy.

Hablo para no negarme y para no negarlxs.

Soy hija de una familia numerosísima, con adres que entendieron el grupo/comunidad por encima del individux; jóvenes y radicales en los 70's nos heredaron, juntx a otrxs, una forma de vivir el presente como protagonistas y responsables.

El mundo está muy diferente, también muy diferente a hace 20 años, pero en ese momento, así nos sentimos como grupo y como generación, urgidxs por dar respuesta a un presente constantemente amenazado y saqueado.

Estos poemas los escribí en ese momento en que, arrancándome de Guatemala, me hundía en el mundo individual de Barcelona, y en la dificultad de decir de dónde venía y por qué.

Seré la tierra es un intento de encontrar un sitio para enunciarme, enumerar también mis beneficios adquiridos, las sombras de la piel que encarno.

Seré la tierra es el arraigo en la amistad, en los proyectos imposibles, en las luchas perdidas, en los márgenes donde la poesía florece, o quizá ahí donde la vida no pudo seguir. Ahí propone arar, arar despacio y dejar testimonio.

También es una aclaración, por si quedara duda, de que no hablo desde el sillón leyendo la noticia, hablo desde escuchar la bala en mi oído, desde sentir el golpe en la espalda, desde el sabor a muerte en mi boca, desde la boca abierta de mi amigo.

Hablo para no olvidar.

Seré la tierra, son fragmentos de una época anterior, son el lamento, de haber querido hasta la médula dejar un presente para quienes vienen después.

Seré la tierra es quizá, el ir asumiendo lo menudo e inmenso, que es nuestro paso por acá.

(Poemas 2017-2023)

1.   **HUMEDADES**

Con estas humedades normal que me cueste respirar
en mi pecho están creciendo los hongos llamados *dedos*
de muerto.
Tengo comunidades enteras refugiadas en mi abdomen,
todas las que vi desalojadas las guardé para siempre
conmigo.
Yo seré la tierra de todas,
sus ubres y arroyos.

* El hongo Xylaria polymorpha, llamado dedos de muerto
son organismos que se adhieren a los árboles muertos o
enfermos y segregan una enzima digestiva; luego, absorben
el material en descomposición para obtener energía. Los
hongos resultantes brotan del suelo como dedos de zombis,
sobre todo en áreas próximas a la madera muerta.

2. CHASIS

Rompí el chasis de un carro de recoger tantas campesinas
que caminaban con sus hijas.
Tenía las manos y la vida dando brinquitos,
de nuevas que eran.
Un porche y un lápiz.
No había conocido el hambre.
Los caminos en bicicleta, la historia de esa guerra tan mía,
tan nuestra.
La soledad primera
el cuerpo enamorado
los jóvenes, el teatro
y esa sala de computadoras mugrientas que levantamos
sin saber si quiera hacer las cuentas.
La tierra, la iglesia, los bautizos, la verbena,
y dentro el barrilete al cielo,
manos agrietadas como la tierra
ropa que huele a humo, canastos que fueron de las abuelas.

Una cabra que masca y masca esa hierba.

Mujeres que ríen y cantan en otra lengua
y el corazón saltarín de la mano de una nena
que señala la zanja, que conoce la siembra.
Frijol creciéndome en las piernas

culebras que rozan la grama
mi hamaca.

Y en la ciudad,
lxs jóvenes se atrincheran
mis amigxs temerarixs y precisxs.
Nos faltó ciudad para pancartas
avenidas para buenas nuevas.

El fierro frío en la nuca
chipea chiquita el agua
naranja como las farolas
los pasos que siguen
la puerta que se abre como una sonrisa
y temblorosa la cena parece que tenga violines.

Húmedo el cuarto y el pelo
los abrazos consuelan jardines enteros
lavo la ropa que tiesa se seca en la mañana.
Mi piel no sabe aún
cervatillo en loma nueva
piedras de río rodando con su natural bajada.

Cambia la marcha, retranca para caminos que jalan
cascada que llena carreteras y a ojos cerrados una pasa.
La risa del riesgo
desafía a la muerte
tu piel...
todo sabe más, huele más...

Las raíces crecen
se descompone la cascarita de la semilla volviéndose tierra
no hay estaciones cuando el tiempo y la bruma hacen su
                                                    [parte
y al compás de ciertas melodías
se despliegan los ritos, horarios y despedidas.
Esas si apuntalan cierta cuña
rígida forma que acepta el agua.

Nunca todo fue siempre
las posturas oxidan hasta lo más verde
y el hambre siempre, indiscutible.

Una puede juntar equipaje
llevar el ancla a todas partes
sucumbir a lo conocido
ser masa de pan de ajeno
perderse en las bocas

desconocerse por seguir, seguir insistiendo:
Tan redonda que es la Tierra
y qué necedad humana
ésta, de darle cerco.

Una a veces quiere recoger a todas en su carro
hasta romperle el chasis.
Las estructuras no entienden de cómo cansan los caminos
hacen aguas cuando la vida y la muerte se apersonan
y remar es todo cuando nada para llegar a la orilla.

El agua no brinca como cervatillo nuevo siempre
charquitos lodosos llenan caminos
los veranos hacen su parte
lxs amigxs perdidxs.
La ropa se pone vieja, zurcida y abierta
la piel descuelga.

Morral testigo como los muertos
estampitas para el trayecto
vírgenes, velas e incensarios
cinceles que lustran lo pegado de más.

Una no sabe de primeras
que el chasís de carro tiene confines
que la Tierra no es plana
que no hay peajes cuando la muerte te persigue
que hay despedidas que faltarán para siempre
y que sembrarlas girasoles es lo único.

Teníamos luz entre los dientes
Y saltarina la contundencia hasta volverla tembleque.

La vida y la muerte nos abrazaron juntas.
Y hoy
ese himno
es el único que me mece.

3. **PERTENECER**

Hay recuerdos tan certeros como los girasoles volteando
                              [al ritmo de la galaxia
lo que no se negocia.

Paisajes que regresan haciendo que la materia se forme
y que una sepa que perteneció por un instante
al lugar exacto
y al tiempo preciso
como para quedarse
toda la vida observándolo.

4.   TRAICIÓN I: ESCUELA DE LAS AMÉRICAS

Primero abrí los ojos,
vi lo que lleva a cometer los males del siglo.
Toqué con las yemas las gotas de sangre,
el áspero trago de descubrir los ojos del culpable.
La ira en sus ojos, mirándome hacerlo.

Tuve que volver a tocar,
a oler los restos
para creer que tenía ante mí
el retorcido plan que permitió el fin:
«La táctica ofensiva,
el escenario del crimen,
la mano que mece la cuna,
el verdadero motor de la historia».

Vi en el centro de sus ojos la secuencia
en la cual se vende una vida por beneficio propio:
«el empujón ante el precipicio,
la almohada sobre el rostro,
la bala por la espalda».

Introduje el dedo en mi boca
aun dudando de si era posible
«medir la secuencia,

cronometrar relojes
y encender la bomba».

Si había de verdad diseñado un mapa,
un algoritmo para calcular el derrumbe,
conciencia de quienes quedaríamos
bajo los escombros y lxs muertxs.

No sé cómo sobreviví.
A veces siento que aún busco a oscuras debajo de
[tal edificación.
Ando mostrándole a lxs muertxs mis heridas,
para ver si se sorprenden,
si sus caras retratan la gravedad que tuvo todo.
Todo está inerte y parece que nada me devuelve
que es verdad
este sabor a muerte que tengo en la boca.
Camino cada día con el escozor
de tener este puñal en la espalda.
Siento cuando se acerca la brisa,
pues un mínimo roce,
estride cada uno de mis átomos.
A veces choca con mi esternón
agujereándolo,
astillándolo sutilmente.

No sé si logre explicar algún día
lo profundo que se desplomó la especie humana
[ante mí,
y lo laberíntico que es ir en su auxilio.
Las pocas cerdas que me quedan
en la cuerda que me une al mundo,
y el miedo que siento permanentemente
[colgando de ella.

Después de mirar fijamente y poder creer
que es cierto:
Que ordenaste/ordenaron
la secuencia de los hechos,
y paso a paso cumplieron con su plan
hasta consumarlo.
Que hubo quienes lo supieron
y aceptaron como bueno,
y que lxs que observamos no pudimos
siquiera abrir la boca de pánico.

Después de ver bajar la marea tras el desastre
y sentir que mis labios pesan
más que las fuerzas de que dispongo,
no se si lograré hacerme entender,

si podré explicarlo,

si la piedra que no tiré

y que apreté fuerte en mi mano

podrá ser la testiga que me diga,

yo te creo.

*La Escuela de las Américas, actualmente llamada Western Hemisphere Institute for Security Cooperation, es una instrucción militar del Ejército de los Estados Unidos que desde la época de la guerra fría sirvió como generador de pensamiento, divulgación y formación, para la preparación de altos rangos del ejército en contrainsurgencia militar y anticomunismo. Es ampliamente conocido cómo muchos de sus antiguos alumnos participaron en la organización de los escuadrones de la muerte, organizaron golpes de estado o estuvieron implicados en diversas violaciones de derechos humanos, especialmente en los años 70 y 80 en América Latina.

En concreto en este libro se le dedica un poema a uno de sus egresados guatemaltecos, el dictador y genocida más sanguinario de todo el Conflicto Armado Interno en Guatemala, el General Efraín Ríos Montt (1980-1982). También en el libro se hace mención a la «mano dura» contra la resistencia a los proyectos hidroeléctricos que implementó otro de sus egresados, el General de Brigada retirado Otto Pérez Molina (2012 y 2015). Actualmente el segundo se encuentra en la cárcel por varios casos de corrupción, y consta que fue señalado por un testigo protegido en el caso de Genocidio Ixil en el año 2013.

La Escuela de la Américas, también conocida como la Escuela de los Asesinos, fue denunciada por adiestramiento y entrenamiento en métodos de tortura, asesinato y represión, bajo el discurso de la gobernabilidad y la estabilidad nacional. De esta doctrina de la estabilidad nacional es desde donde se desarrolla la noción de enemigo interno y la ciencia de la estabilización y desestabilización de las naciones. El desplegado de técnicas de guerra para reducir y controlar, si no, eliminar al enemigo interno, es altamente conocido al igual que sus múltiples manuales de tortura y control de éste. Entre sus técnicas, y a las que se refiriere el poema, son las de infiltración, la guerra de imagen, los rumores, la ley de hielo, la persecución, el terrorismo, la criminalización, la guerra psicológica, la persecución política, etc. Son parte de prácticas que se implementan en contra de los movimientos sociales en Guatemala y Latinoamérica, y que en concreto fueron evidentemente aplicadas sobre nuestro movimiento en el periodo al que se refiere el poema, donde cabe señalarse, gobernaba el General de Brigada Otto Pérez Molina.

5.   TRAICIÓN II: INTENTO DE TESTIMONIO

No recuerdo cómo éramos antes de aquello,
viene todos los días
como un fantasma buscando
que lo convenzan de que ya murió.

Una queda con miedo a perderlo todo.
Una queda con miedo a perder
Una queda con miedo
Una queda
y el resto desaparece
solo hay un antes y un después.

Desde entonces
el mundo es casi siempre un lugar hostil.

Fue tanto el desprecio
que me cuesta creer que existo
que lo que vi es cierto,
que merezco defenderme.

6. **TRAICIÓN III**

El puñal suena en mi esternón
anuncian tempestad
esta madrugada de eclipse.

LA QUE FUI

Cada vez estoy más lejos de aquella que fui,
de la que fui antes de ser esa,
de las demás no me acuerdo.
Cuando se tala un árbol ya solo le queda a la tierra
reinventarse con las semillas de la caída.
Los mapas de la infancia se desdibujan
cuando el estruendo sordo te cambia de piel.
Donde naciste no siempre es un mapa,
y más cuando sostenida la vida en una cuerda
ya nada señala a casa.
Pertenecer es un verbo grande que no encuentra talla.
Los mapas conceptuales no devuelven las carcajadas,
la sonrisa nunca la perdimos,
aunque hay cicatrices que no llegan.
Unificarse siempre fue difícil, no solo para la izquierda.
Los cuerpos no entienden los relojes, mucho menos las ideas.
Hay mentiras que repetimos como un intento mágico
de que haya algo inmutable.
Definir la forma y el contenido en una unidad es una farsa.
Un lápiz ¿qué es si no, el trazo que deja a cada hoja?
¿A caso su tiempo de uso, su volumen, su cambio de mano, su
abandono en el vaso, su línea y
descanso,
no lo nombran?
Una es su recorrido.

A nosotrxs nos atravesó su filo
tantas veces
que de cada orificio podrido salió una especie diferente:
gusanos, hiedra, serpientes.
Y rendidos en la tierra ya nadie identificó el rostro.

¿No son acaso las células un universo en sí mismo?
Deseo tanto cantar una sola canción,
un himno que nos devuelva
"lo que aprendimos en la lluvia". (Mario Payeras)

Una nota afinada donde reverberar tanto
que las palabras ya no cuenten,
y seamos por un instante, al menos,
el peso, la gravedad, y la curva,
que calcule exacto
todo lo que queda
en el ángulo de lo pendiente.

*Payeras fue filósofo, ensayista, poeta y líder de la guerrilla guatemalteca. Comandante del Ejército Guerrillero de los Pobres (EGP) hasta 1984, cuando encontró diferencias en la estrategia de lucha revolucionaria tras la ofensiva militar en la Franja Transversal del Norte /FTN) por el gobierno del general Fernando Romeo Lucas García. A partir de este momento rompió con el EGP y fundó, junto a otrxs cuadrxs, otra organización revolucionaria llamada Octubre Revolucionario.

8.   EL AGUA

Abiertas las compuertas de la presa
el cuerpo tiembla
y cruje como tierra.
Hay que aflojar los muros humanos
para que el agua corra de nuevo.

La turbina creyó sustituir el pulso
el canto.
Brama la lava cocinándose debajo,
y a pie de catarata,
con una caída de 500 años,
nada duda hoy
que el repello hay que sacarlo,
su cemento y sus balazos.
Pero de esos casquillos,
escombros
y harapos
se hará la casa nueva
con su huerta y con su páramo.
Y el río correrá con su tiempo y su verano.
Y al girar la vista
solo dolerá
al recordarlos tan avaros,
o al ver entre nosotras
cualquier gesto,
cualquier mano,

que tuerza el brazo por una
y no por el agua y su regazo.

Cuidaremos muy mucho
no dar pasos atrás,
no repetir piedras y engaños.
No ser como ellos,
cuidar el agua sola
y su paso por el prado
saludando a las niñas
y sus primeros nados.

No perdona ni olvida el agua,
no lleva cuentas ni reclamos,
disputa la grieta,
la rendija.
Pues en su esencia misma,
está de nuestro lado.

*Inspirada en las resistencias contra las hidroeléctricas
transnacionales en Guatemala, y a como en lo interno
de ellas, corremos el riesgo de replicar la política de
guerra que las empresas imponen.

ROMERÍA

El parque al lado de tu casa es muy triste. Silvia
dice que es el único del centro que no está vallado.
Hoy había un niño inhalando cola, un borracho y
dos señores lejanos, sus cuerpos estaban ahí, pero
ellos no.

Del otro lado, los cuatro que logramos medio
ponernos de acuerdo un año después de tu partida.
Hemos estado un rato hablando de vos, llorando y
riendo nuestro retrato en tu parque.

Tras un silencio sin tiempo, hemos decidido ir a
comprar un helado, de esos de sabores raros que
venden a la vuelta de tu casa.

Pasando por delante de tu puerta, el mundo se ha
parado y cada paso ha perdido peso, como si los
pies no pudieran llegar al suelo. Un señor se ha
acercado para tocar tu puerta, parece que ya vive
gente ahí.

Por un instante he deseado que se abriera y verte
dentro, pero lo cierto es que ahí, ya no queda más
que tu muerte y tus verdugos.

Entre que se abría y no tu puerta, Gaby ha
arrancado de nuestro manojo unas pocas flores
metiéndolas de un solo gesto en la manivela. Con
mirada fija ha dicho recio: Ni olvido ni perdón.

A paso rápido hemos volteado la esquina, para
proseguir sin rumbo por el centro con las flores
restantes, cual romería. Sintiendo tu ausencia,

pesada como un enemigo. Como la de esos dos señores de tu parque que quién sabe, a quién andaban velando.

*Raúl Torres fue artista, diseñador gráfico y textil, gran defensor y promotor de la recuperación de espacios públicos en Guatemala. Su obra y su vida estuvieron llenas de una profunda sensibilidad y poesía, ya que desde muy joven le gustó inventar, crear y buscar alternativas para poder expresarse y crear formas de trabajo acordes a sus ideales y creatividad.

Su casa se convirtió en un espacio de encuentro de artistas contemporáneos llamado el Espacio 556, que era el número de su puerta. Semanalmente se juntaban entre 8 y 43 artistas a compartir, debatir, exponer y promover sus obras, al menos durante un periodo de 93 semanas seguidas. Además, fue un gran amante de las bicicletas, aprendió a repararlas y recorrió Guatemala sobre dos ruedas, en muchas ocasiones acompañado de amigxs, a quienes les explicaba los caminos descubiertos para evitar el tráfico agresivo de Guatemala.

Fue un gran hermano, un gran hijo y un gran amigo. Uno de esos seres humanos que escasean en los tiempos de la prisa y la productividad. Su curiosidad y su deseo de mirar el mundo lo convirtieron en un referente para muchxs otrxs.

El día 7 de abril de 2016 fue asesinado en su casa y estuvo desaparecido durante nueve días. Dos días después de su muerte, un amigo suyo, y nuestro, Alfonso Porres (Poncho), tras escribir un texto de indignación por tal atropello a la vida y a la esperanza, murió de un colapso del organismo.

A día de hoy seguimos exigiendo justicia y luchando para que tal crimen no quede en el olvido.

Basurero, cementerio y asentamiento ocupan un
mismo terreno, finca de algún invasor.
No hay límites entre ellos.
Los zanates hacen sombra buscando sangre, algo
de carne que se pudra.
Cuatro raperos trabajadores del basurero han
construido un estudio de música, son los poetas de
este tiempo.
—Alguien olvidó un trípode, nunca regresó por él,
lo volvimos micrófono, ¿va?
Bajo láminas y tras una cortina, en el mismo predio
que tantxs desaparecidxs se hallan, están grabando
una canción por las 56 niñas.
Una niña los mira muy atenta, y en sus ojos, puedo
escuchar las campanas.

*El 7 de marzo del 2017, 56 niñas en tutela del Estado
fueron quemadas vivas en Guatemala. Durante la noche
del 7 de marzo 100 niños y niñas escaparon del centro
llamado «Hogar Seguro Virgen de la Asunción», dadas
las vejaciones a las que eran sometidas.*

*Durante la huida murió una de las niñas. Tras la captura,
las niñas fueron recluidas en un salón de 46 metros
cuadrados del que no les permitieron salir durante toda
la noche, ni siquiera para ir al baño o comer.*

Durante la mañana del 8 de marzo se provocó un incendio dentro del salón, estando ahí dentro 55 niñas en custodia policial. Los y las policías a cargo de estas niñas en «protección» del Estado tardaron 9 minutos en abrir la puerta y el resultado fue que 41 niñas murieron calcinadas y 14 sobrevivieron en estado de alta gravedad. Unas semanas después del suceso, una de las sobrevivientes del Hogar Seguro fue asesinada cerca de la colonia donde viven sus padres.

El estado de Guatemala y la institucionalidad de la niñez son responsables de este crimen que resta humanidad y paz al mundo entero.

Los raperos del basurero de la zona 3 no pudieron ser localizados para incluir sus nombres y referencias de sus canciones, ya que tuvieron que huir de la colonia debido a que fueron amenazados de muerte.

INSTANTES

Hay segundos que duran años
y años capturados en una punzada.
Mares que son fronteras
y finales con mar de por medio.
Abrazos que descontarán el tiempo
hasta abrazarnos de nuevo.
Instantes que serán una época
y señuelos de un calendario.
Pequeños son los segundos
que se volverán eternos.

12.   **A _NUESTRA_ CIUDAD**

A Gustavo Illescas

Al final se trata de convertir la pena en canto,
agrupar la osadía hasta verla dignidad,
morder la mano al amo.

Hacer del golpe
un giro inesperado,
del duelo,
un amigo.

Arar la tierra hasta llegar a ti
hasta que tu colina y la mía divisen el valle
y mirar la ciudad que nos dio y quitó todo.

Peinar sus barrancos
adolecer sus noches
cantarle serenatas hasta que amanezca de nuevo.

Explicarle
que nos colmó en versos
que nos venció en las manos.

No es con ella el tiempo,
los dolores humanos.
Cobija la belleza en el charco,
la calle rota,
el cerro al lado.
El plantón y su desgarro.

La cabina azul y las monedas que se marchan
los contestadores automáticos,
el sastre y el pan de la tarde.

Hay años de ciudad entre vos y yo
una ciudad entera como un túnel del terror,
y un lugar reservado donde nadie camina,
donde ella, se sienta a descansar
a dejar ser la vida
ver llover.

Para mí la ciudad se trata
del camino que queda
entre tu casa y mi casa.

Me encantaría regresar por ratos a nuestro orgullo
y nuestra imagen en la calle; corriendo y sin miedo;
cagadxs de risa.

Nadie vuelve.

A la zancada saltarina como un estaque, como la baba
de un bebé, a la mirada limpia, a las manos inquietas.
Al paso que no pregunta, que irrumpe y empuja hasta
ser retrocedido por el estruendo expansivo que no se
espera, aunque se sepa.

La cara que quieta, respira apenas. Los ojos redondos
como el planeta, desbordados en agua de glaciares, que
los llenan sin lágrima a donde drenar.

Apoyada en la mesa respiro y todo el salón del Hotel
Panamerican gira, giran sus ojos que me miran, las
lámparas del techo y yo, me detengo.

«Lo mataron, lo mataron, repito.»

Enciendo un cigarro, ajena al diluvio.
Los carros no salpican cuando una no siente.

Inmóvil como planta esperando su riego
aguacero sucio en la acera
pasos rápidos esquivándome.
Todos los poros cerrados
los puños, las cejas.

Que se abra el universo frente a mí
las avenidas se retiren como mar rojo
que a recibirte sean multitudes
en coro para tu sepelio.

Que la ciudad se detenga
las nubes sean alfombras para el reino
y sostenida tempestad como un llanto,
podamos encontrarle algo de sagrado
a esta forma de irte.

** Daniel Pedro, conocido como Daniel Maya, fue
secuestrado, torturado y asesinado el 7 de abril
del 2013 cerca de Santa Cruz Barillas. Daniel Pedro,
originario de Santa Eulalia, Huehuetenango, trabajó
durante toda su vida por la defensa del territorio de
los pueblos mayas de la región. Fue un referente de
dignidad y lucha, su carisma y su capacidad de trabajo*

lo convirtieron en un líder para toda la región del Norte de Huehuetenango, Guatemala.

Su secuestro sucedió en Santa Cruz Barillas en un momento de alta tensión política por la lucha en contra de la imposición de la hidroeléctrica gallego-española Hidro Santa Cruz (Hidralia). Lo analizamos como un mensaje de terror para todos los pueblos y organizaciones que estábamos coordinadxs para que esa hidroeléctrica no se construyera.

Esta lucha estaba amparada en la defensa de la voluntad de los pueblos de la región, expresada tanto en las actividades, presentación de actas, memoriales, quejas, manifestaciones como en la defensa de la Consulta Comunitaria de Buena Fe realizada en el año 2007, donde los pueblos expresaron su legítimo desacuerdo a la imposición de dicho proyecto.

En el año 2016 "Hidralia" cesó su intento de construcción del proyecto hidroeléctrico tras la incapacidad de imponerlo, a pesar de haber usado la violencia, la criminalización y la persecución, salió impune del territorio.

15.   **YO LOS VI**

Yo los vi irse
no volvieron más
y a una le queda dentro la presencia de quien no se fue,
pero ya no está.
Así son estas guerras,
lxs desaparecidxs a veces están entre nosotrxs,
con un aliento tan imperceptible,
que nadie daría cuenta de ello.
Tanto que yo quisiera que volvieran
con todo lo que traían.

Nos han arrebatado tantas juventudes
que cualquier presencia parece poesía.

A mí se me llevaron tantxs amigxs...
Unxs, les dieron plomo en la nuca, en el pecho, en la cara.
Otrxs, lxs dejaron ahí, sin nada suyo,
con tanta confusión y tan poca resonancia
que nadie más que el silencio les gritó nunca,
lo injusto que fue todo.

Y hoy sos vos el que ya no está.
Y siento
que si se quedan con algo más
puedo predecir este silencio
que ya empieza a acomodarse de nuevo,

entre yo
y lxs que están.

16. NO ESTAR

A María Martín

Una se da cuenta que no está cuando empieza a
guardar silencio
y a guardar con él, todas las conversaciones que ya no
hay con quien tener.
Cuando las fechas retumban en las paredes del cuarto,
y nadie cuenta chistes ni se pone borrachx de ausencias
con una.
Cuando en la calle hay una tranquilidad tétrica, que
intercambia peligro por aislamiento.
Una se va, pero lleva colgando amuletos:
El pan de las 4, el palmear de las tortillas, el saludo en
la sexta, el caldo del «Rincón típico».
El sentirse venciéndole a la muerte a diario, y el chiste
inoportuno que enciende carcajadas en el surrealismo
mágico.
Una se va, pero anda llevando su amor entre un
pañuelo, alzado en signo de paz, o apretado como un
puño de arena.
A cada noticia como olas de mar una regresa, en un
vaivén que no sabe si se despide, o da la bienvenida.
Una se va, con su selva a tuto, con las gallinas
corriendo en la tarde a por el grano sagrado, con el
silencio del fuego, con ojos más dignos incrustados en
el alma, con la risa chiquita de una niña, con la certeza
de estar en casa, aunque todo apunte a lo contrario.

17. LA MOSCA I

Hay una mosca confinada conmigo. Vuela surcando todas las esquinas buscando la salida.

Intenté sacarla, casi la mato. Está como nerviosa.

Comencé hablarle, a compartir mi comida, a explicarle porque lloro a ratos o bailo reguetón en bragas.

Siempre quise una mascota.

Se parece un poco a mis pesadillas, llega a no dejarme dormir, quiere irse, pero no se va. Deseo que se marche, y hay algo mío, que quiere que se quede.

Soltar nunca fue fácil.

Una acaba encariñándose de su mierda y la pasea por la calle como un caniche nuevo, a ver si alguien le hace carantoñas, lo acaricia o le da un premio.

¿Qué hacen las moscas con su mierda? ¿traen coronavirus?

A veces deja de volar, no sé dónde se queda.

Fantaseo qué lomo de libro le hace sentir en casa.

¿Está pasando hambre, duerme?

¿Las moscas tienen comunidad? ¿alguien la está buscando?

Me da que no quiere volver, que hay algo en su nerviosismo que la choca contra los espejos, las puertas y las ventanas como intentando matarse.

No sé si quiere salir de aquí, si tiene a donde ir, si el lugar que dejó aun la abraza, o quiere hacerle daño.

Esta jodido el mundo, cada vez más violento.
El mundo de las moscas no debe ser mejor.
Me pone algo nerviosa su desesperación por salir, y
el silencio que deja cuando se cansa.
Cuando para, siento que llora.
Ay, ya está. No se sabía que escribir sobre el
confinamiento,
me está haciendo tanto bien...

LA MOSCA II

Se me derramó la miel y ahí vino ella, con sus patitas
prediciendo su parte.
Ya no se asusta cuando me acerco, viene conmigo a tomar
el sol y entra de nuevo.
¿Cuál es la función única de una mosca?
¿todos los seres tienen asignada una tarea?
Tuve que buscar en el diccionario, cuál fue mi sorpresa:
Ya pasamos más de la mitad de su vida juntas.
Dicen que son diurnas
y permanecen en los cuerpos en descomposición.
Siempre abril trajo mucha muerte.

ABRIL

A Raúl Torres

Se acerca la procesión al final de la calle
el calendario pronuncia abril con letras grandes
y carraspea un temblorcito
que canta tu partida
como partitura para esta mañana.
Llovió tanto…
se fueron las estaciones y años
los amores inconclusos
y demás pronunciamientos.
Ya no fumo,
miro mi paisaje con más afecto.
Te dejé sentado en una silla y partí,
decidí que te abrazara la tierra,
que juntas volvieran al inicio
mientras yo seguía mis días.

Hoy desde mi balcón
escucho la marcha fúnebre entrando en mi calle,
el plato roto
hace sangrar mi mano.
Me cruzo con dos carniceros
y la sangre de su ropa me marea.
Me escondo en mi cuarto
no quiero que vuelva a entrar la muerte
que cuando venga tu fecha todo se manche de sangre.

Hice tanto esfuerzo por lavar mis manos,
las comisuras de mis labios,
las esquinas de mi casa.
Por renombrar tu partida
pero hoy, ya es abril
y el incienso y el balanceo,
la banda y la escasa capa sin tiempo
hacen su entrada en mi plaza
amenazando un año más
a la primavera que pelea su parte
a este volcán que silencioso
corroe con su fuego.

Ya llegó abril de nuevo,
alistaré mi mantilla
y saldré a recibirte
como por ahora sé hacerlo.

La fuerza que te arrebató
me robó tu recuerdo.
Perdóname por pasearte así, por enseñarte así.
Por dejar de buscarles cárcel y venganza.
Amo la vida como vos
asumo la menudencia de mis manos.

No sé cuántas veces te di sepultura ya,
es la procesión más larga de toda semana santa.
Ojalá y, nuestra resurrección sea
como las flores que sembraste,
que, reventando en mis poros,
afirmen la tierra que te falta
en tu abrazo de nuevo a la materia.

Abril también es de Daniel Pedro.
Un 7, también se lo llevaron a él (del 2013)
Y ni el jaguar del río
ni el cacareo del corte de carretera
lo impidieron.
Se lo llevaron
con su paso aplomo por los caminos.

Lo regresaron sin nada suyo,
sin su caminata hasta los pueblos
sin sus palabras golpeando el aire
sin su risa
y sin sus tiempos.

Solo devolvieron su cuerpo,
se quedaron su rostro
que puso tanto
al frente nuestro.
Y ahora, nos queda este pesar que sabe a culpa.

Y otra vez
la misma duda cada día
de cuándo volverá
todo este dolor
en forma de malas noticias.

*En el poema «Daniel Maya» queda explicado quién fue
Daniel Pedro.*

VINO

Se me calló el vino,
apresurada fui a secarlo.
Sentí estar frente a tu cuerpo
o al de tantxs otrxs
que derramaron sus últimos pálpitos en tierra,
como río
pidiendo más cauce.

23.   **GUIÑOS**

Tus pétalos de buganvilia
son migas que me hacen caminar.
Guiños del otro lado
para que tu ausencia
sea un mapa mínimo,
en lo innombrable que fue
que te arrebataran así.

24. GUATEMALA: AK' AB'AL DEL TIEMPO

Cada vez que muere tu gente
muere un poquito
tu tierra que hay en mí.

25. BALAS

Convertir toda bala en palabra,
y sí, ganó la belleza.

Llegar, fue atravesar la bruma, palpar a oscuras hasta
sentir el escozor del fuego en la piel, la grieta, por
donde podía entrar la luz.

27. CONSPIRACIONES

Tengo *picazón* de pulga, pulgón o bicho del polvo.
Tijereta, chinche o parásito.
Cuando rasco, se expande su veneno
siguiendo el rastro de mi uña como sendero.
Marcada queda mi piel.

Quizá ellos saben cuál de todos es el que me produce tal
[reacción.
Quizá, por unanimidad deciden quien será
el que en primera fila corra el riesgo
tupida la noche, y yo durmiendo
se acercan temerosos los que por azar
quedaron con la dicha del veneno
(caudal de agua en desierto)
que causa tal revancha.
Seguro me temen y odian.
Mi escoba y *dancing* mañanero.

Tapo las entradas de las hormigas,
emborracho a las babosas
como mal menor entre los insecticidas,
cáscaras de huevo cortan su sendero en mi patio,
sal no, sal no les echo, por compasión.
Quizá por no sentir que soy la Santa Inquisición
ante su profanamiento a mis rosales.

Deben de soñarme vuelta abono, florecida en crisantemos
derrotada como un régimen,
echada al fuego.
La erupción que hoy rodea mi pecho izquierdo
parece un marco para mi corazón inquieto.

Soy más grande, fumigar está de mi lado.
De su lado queda que sobreviva quien me hizo este señuelo.
De facto, puedo cambiar las reglas del juego,
arrasar cual kaibil su escondite, dormir a pecho descubierto.

Mi infección es el talón de Aquiles,
su caballo de Troya es ser semilla de miles.
Mi relato es el único que se oirá
y con regocijo y en público
el zumbido de mis palabras será verdad.

Ni sus cuerpos serán encontrados,
ni su estudio sobre la acidez de mi piel será herencia.
Derrotadxs y sin estrategia
lxs hijxs harán leyendas sobre el «como»
«casi», «en otro tiempo»…
Y yo justificaré el DDT o los ecológicos remedios
echaré yodo en su senda en mi cuerpo
y sin culpa y sin vergüenza, dormiré de nuevo
a pecho descubierto
en mis sábanas BLANCAS

de este lado del mar, sin siquiera preguntarme
si cada paso en mi mañana
construye la frontera,
            y divide el cielo.

DOMINGA

Hay algo malo en acostumbrarnos a que maten,
a que nuestro rostro frío se quede quieto,
a no saber si somos también parte del gatillo.
De los ojos que miran al otrx como si no fuera humano.

Ayer mataron a Dominga Ramos Saloj, defensora de la
tierra en Santo Domingo Suchitepequez, Guatemala.
Y me pregunto,
si el petróleo que trajo la verdura a mi mesa,
o si el coltán que hizo que me comunicara por
                              [WhatsApp para el 8M,
o si quizá,
el hierro y el mármol que forman parte del metro
que usé para ir a la asamblea,
son de alguna empresa vinculada a las eléctricas,
que fueron quienes le dieron muerte.

Me pasa a menudo que viviendo acá (en Barcelona)
no acabo de creerme que estoy del lado de Dominga,
que no me vendí,
que hay alguna forma de no venderme cada día.

Me siento indignada porque la mataran
y a la vez estoy acostumbrada
a ver cadáveres y seguir caminando.
Al fin de cuentas amamos la vida y hay que seguir.
Pero este «ronrón» en mi oreja

no acaba de dejarme tranquila y preguntarme:
—¿De qué lado quedamos
del de Dominga, o del del gatillo?

*Dominga Ramos Saloj fue miembro de una de las organizaciones campesinas más grandes de Guatemala, llamada CODECA, Comité de Desarrollo Campesino). Fue asesinada el 5 de marzo del 2020 por su trabajo organizativo en defensa de los elementos naturales.

29.   ME CUESTA DISFRUTAR LA VIDA

A mí me cuesta disfrutar la vida,
planificar el día de playa sin que me asalte la culpa,
la urgencia impresa en la piel.

La bala volando hacia algún cuerpo,
y mi ansia
por abrazarlo todo,
como si pudiera protegerlo.

No tengo brazos para acunar el mundo,
no hay llanto que represente tanta pena.

Quisiera que me atropellaran,
saltar al vacío,
morder a alguien vivo hasta devorarlo.

Tengo la barbarie humectando mis poros
y no hay quien contenga
este torrencial.

Ayer devolvieron 172 osamentas en Comalapa
a quienes han buscado hasta arrancarse las uñas
a todos lxs suyxs.
El presidente Jimmy Morales
es un violador denunciado
que ordena con usura

la vida de muchas de mis amigas y familia.
La «Manada» hoy camina *a sus anchas*,
las mismas que imprimieron en todos sus orificios,
y-no-pasa-nada.
Las freseras de Huelva vuelven a la fuerza
al mismo mar que quiso ahogarlas,
y nadie llena las plazas por ellas,
porque todos los cuerpos no valen lo mismo.

Y yo aquí,
queriendo ir a la playa
con un río dentro
que no desemboca,
porque este mar que tengo en la piel
no hace justicia.

Me está costando disfrutar el día,
el sol y el verano.
Y me exijo
ver el cielo azul,
las olas y la arena.
Pero toda esta eclosión en piedra
más se parece al volcán de fuego
que arrasó Alotenango la semana pasada.

Hay muchos culpables
y están ante nuestros ojos

mirándonos con desprecio,
recordándonos quien manda.

Y llego al metro
a pelear por mi sitio invadido por un desconocido
que no cierra las piernas,
y yo,
solo quiero *matarlo*.
Golpearlo hasta que me detengan
a porrazo limpio
a ver si por un instante
se hace presente la guerra incrustada
que tengo en las pupilas.

Yo solo quería ir a la playa y estar tranquila,
pero el escenario ante el cual descanso
me está comiendo por dentro.

No sé qué me pasa que no se disfrutar la vida,
ir a la playa con amigas
y sentarme frente a este mar,
sin culpa.

*Comalapa y Alotenango son municipios de Guatemala,
en el primero se devolvieron en junio de 2018 osamentas
a los familiares de las personas desaparecidas durante
el Conflicto Armado Interno/Dictadura de Guatemala*

(1960-1996). En Alotenango, en junio del 2020 hubo una erupción volcánica donde se contabilizaron más de un centenar de personas fallecidas y miles de personas heridas y afectadas. Parte del desastre tiene que ver con negligencias de los programas de riesgo ambiental del gobierno de Guatemala.

Jimmy Morales, presidente de Guatemala (2016-2020) fue denunciado de múltiples delitos de corrupción y de participar en una red de trata de mujeres, una de las cuales decidió denunciarlo ante los tribunales de Guatemala por violación sexual.

«La manada» y «las freseras de Huelva«» hacen alusión a casos de violación sexual colectiva y esclavitud sexual, denunciados y/o sentenciados en el Estado Español en el 2018.

30.   ## LA CASA GRANDE/NIM JA'

Para Majito, Marito, Andresito y Peterete

Hoy cagaron el árbol frente mi casa.
Papel manchado trazando el ángulo del culo
el ángulo del árbol
el ángulo de la única tierra que hay en mi cuadra.

No sé si el fervor cívico unge mis blancas palabras
o gana por el contrario mi solidaridad con el árbol
sabiendo cómo cuida mi sueño
como sostiene nuestra casa
con sus magnánimas raíces y tamaño.

Quien caga en la calle hace muchas horas que no ve su
cama...
Yo teletrabajo,
me sirvo café caliente y sopa de pollo,
uso toallitas higiénicas y agua micelar.

Voy a ir a comprar cal
a recoger con mi pala la urgencia ajena.
Llevo tres quetzales en la bolsa por si alguien me pide
por si veo a las niñas del semáforo.

¿Alguien ve en los ojos de ese payaso
el ángulo de la puerta de mi casa,
de la tierra de mi cuadra?
¿Del árbol que cuida mi puerta?

No hay como indignarse del desorden público
sin review de la mierda propia.
Sin el genuflexionado ángulo
de quejarse de la mierda ajena.
Cuando mi mierda circula exacta e higiénica
por el río de las Vacas o Villalobos.
Y yo me siento tan ciudadana, tan limpia y sólida
mientras no circula frente a mi casa de lámina
mientras no me resbalo con ella
no ensucio mis manos y mangas
comisuras y zapatos.

Cagaron frente a mi casa
esculpieron con papeles una composición que
                                    [enmarca
lo patético de reflexionar
de cualquier mierda ajena.

A CARLITOS

Entre tu mundo y el mío hay un océano
casi una década de darle distancia
al ritmo de ver morir de cerca así.
A ti te sujeta esa colectividad que conozco,
los mantras que el dolor canta porque no hay tiempo de velar,
la velocidad de la respuesta,
el grupo como continuidad de la vida
aunque una no esté...
Qué pequeña es una y qué claro que está
cuando somos tantxs abrazadxs así de fuerte.
Lo conozco y lo extraño tanto como lo temo.

Hay un tejido que sostiene cada palabra tuya
una fuerza que solo radica en lo común como horizonte.
Hace tanto que perdí tal bandera.
La lloro incansable,
me la arrancaron como una piel sin piedad
y cada noche la lamento
le prendo velas, la invoco
en este pedazo de tierra donde todo es individuo y olvido.

Y a la vez,
logré en su ausencia
escuchar el grito más desgarrado que callé.
Tomando distancia una ve, escucha y piensa.

Una vez dije «yo sabía que iba morir y no me importó».
Y acá, solo acá, a 9.000 km de distancia retumbo mi vientre
y se despertaron los fantasmas
que se instalaron en mis sueños.

Y hoy te escucho, con el corazón tan abierto, que no se si
siento envidia y soberbia ante tus palabras.
Conozco lo que nombrás
y conozco el eco de eso en mis sombras.

Y en esta noche, tan sola, frente a esta computadora
es difícil saber qué anhelo exactamente:
Sus cuerpos velados y recuperados,
o esa febril inercia de no sentir
y seguir como efímerxs que somos en nuestro tiempo.

Perdí todo por lo que asumí morir
y no hay nada que yo sea capaz de construir
que me apegue a la vida y a la muerte así.

Aquí aprendí la vida. Me contagié, me confundí,
me exorcicé, me inyecté de memorias.
Comí, se hizo carne, cuerpo común.
También dejé lo mío, mi palabra, mi vitalidad, mi empuje.
Mi mierda, mi pis, todos mis desechos de media vida.
Me llené de verde y humo, de vida y muerte.
Dejé palabra y consumo, vómitos y esperanzas.
Una acaba formando parte también de la basura.

Mis desechos han formado parte de estas aguas, ríos y cloacas,
como su pólvora y *smoke* forman parte de mis pulmones y
pesadillas.
Que mi presencia sirva para acusar de injerencia extranjera
es una incongruencia no solo semántica sino perniciosamente
violenta.
Formo tanta parte como el aire que pasa, el agua que llueve y la
cerveza extranjera.
Como la fiesta patria, la marimba y la orquesta.
Soy parte, con mis poemas y mi mierda.
No cabe duda, esta patria es mi casa, y su miedo, mi frontera.

33. MURIÓ EL GRAN GENOCIDA

«La sentencia no ha sido anulada, para eso se necesita
una sentencia que la anule,
lo que ha sido retrotraído son las actuaciones»

YOLANDA NIEVES

Parece que hoy si se confirmó.
Murió el gran genocida
en su cama de sábanas de algodón.
No hay órgano de mi cuerpo
que no contagie la acidez de la injusticia,
que no vibre el grito corrosivo
de quien ungido cual cristo
decide volver a la muerte este domingo de pascua.
Las venas de mis ojos predicen explotar
cual río intervenido por proyectiles en Ilom.
Y cada célula de mi cuerpo alimentada de maíz
convulsiona con los cuerpos aun por encontrar,
brama por los abrazos que no vendrán nunca más de
vuelta.

¿En su cama?

Ojalá y la eternidad tenga preparado para él
la receta de barbarie que impartió sobre la tierra
(arrasada).
Que presencie cómo todo lo que amaba
—no sé si alguien así podía hacerlo—

se le arrebata con sadismo
como si no valiera nada.

Quiero un monumento donde ir
a vomitarle, orinarle
y cagarle encima.
Donde en público,
desnudo e indefenso
fieras entrenadas por él
atraviesen su vieja carne
podrida de maldad.
Quiero luto nacional
por la osadía de irse en paz
rodeado de su familia
y con derecho a sepelio.

Ojalá y en su llegada al juicio final,
sea perseguido por perros sedientos de su sangre,
y a las puertas de tal oficio,
le sentencien que espere a todos sus aguaciles
que le hicieron irse sin pagar las cuentas mínimas.
Y que ahí en la puerta,
corra hasta desfallecer, pidiendo clemencia
que nadie le concederá.
Y espere así,
hasta poder ser procesado con todxs lxs ávidos
[cómplices

que atrofiaron nuestra sentencia,
como si pudieran tapar el sol con un dedo.
Por mezquinos y aborazados,
que gocen la misma suerte
al terminar toda esta hazaña.

Hoy,
que realmente desconocemos
del lado que quedó Dios,
tememos la posibilidad de purgatorio,
ya que, siendo domingo de resurrección,
y dispuesto como está el sagrario,
el vino rojo presagia,
un repicar de campanario,
que de facto haga «verbo»
su legado impune y sanguinario.

*El General Efraín Ríos Montt murió en mitad del proceso judicial en su contra por crímenes de lesa humanidad y genocidio. Fue presidente de Guatemala durante 1980-1982, y solo durante su mandato se contabilizaron 100.000 personas asesinadas y más 10.000 desaparecidas. Aplicó la conocida política de «tierra arrasada» que significó las masacres de pueblos enteros bajo la justificación de terminar con la guerrilla, bajo la política de «quitarle el agua al pez».

Llegó a la presidencia por un golpe de estado siendo pastor evangélico de una iglesia llamada «Verbo», y desde entonces hasta su muerte, ha gozado de toda la «inocencia» de un sistema de justicia con un 99% de impunidad.

El 10 de mayo del 2013 se le sentenció de delitos de genocidio en un tribunal nacional, diez días después el caso fue retrotraído y a pesar de que la sentencia no está en firme, para nosotrxs es válida y verdadera.

34

A LOS OJOS

A los ojos, apuntan a los ojos.
En otros tiempos los arrancaron con las manos,
después de las uñas y de los pechos,
de robar lxs niñxs del vientre,
la parcela y la cosecha.

A los ojos, apuntan a los ojos, te digo.
Encendé la tele,
revisá tus *followers*,
mirá una serie en Netflix,
performateate tan excéntrica
hasta parecer fabricada en serie.
La shelfy, la history...

A los ojos, apuntan a los ojos.
Abyou está cruzando el mar custodiado como criminal,
porque si no nos asustan así
la calle puede ser nuestra sin retorno.

A los ojos, apuntan a los ojos.
Cuatrocientos en Chile, cuatro en Barcelona,
la Wiphala en el suelo vuelta ceniza,
la biblia gobernando en Bolivia.

A los ojos, apuntan a los ojos.
Ecuador no se va a su casa, es dueña de sus calles,
en Guatemala la guerra es juzgada en tribunales,

y tienen miedo
los que apuntaron a los ojos.

¡A los ojos,
a los que apuntaron a los ojos!
Van a suplicar perdón,
y volverán de entre los muertxs
los 24 de estas 4 semanas en Chile,
y los 17 diarixs en Guatemala,
y todas a las que a manos de sus hombres
se les arrebató la vida
y a los ojos,
vamos apuntar a los ojos con nuestra mirada,
y sosteniéndola, vamos a decirles:
    —No, no pudieron quitárnosla. No
    queremos empalarles en vida, grabarlo en
    video diciendo: «Inocente, es inocente». No
    queremos eso.

A los ojos, apuntaron a los ojos,
y no-nos-robaron-la-mirada,
ni arrancándonoslos.

*Escrito en noviembre del 2019, donde coincidieron
los hechos mencionados: hubo una revuelta popular
en Chile donde la policía apuntó a matar y a los ojos;
simultáneamente en Catalunya la juventud defendió*

su voluntad de una Catalunya independiente del Reino de España; en Ecuador y en Bolivia se levantaron en defensa de sus derechos. Simultáneamente en Guatemala dio comienzo un tercer intento de llevar a juicio al militar y exmandatario Lucas García por los delitos de genocidio y otros crímenes graves junto a otros altos mandos del ejército.

Abyou fue un joven que se manifestó como tantos otros en defensa de la independencia de Catalunya, con la diferencia de que no había nacido en el reino y fue deportado al país de sus padres.

35

DELANTE DE MÍ

Díganme ustedes, denme la razón por un instante
para que pueda yo también descansar:
cuando mataron a tus amigxs cada día
cuando tenías más desaparecidxs cerca, que familia
cuando te torturaron y no moriste
por los azares que te hicieron testigo
cuando te encarcelaron por rebelde
cuando todos dijeron que eras oreja
para callar tu voz disidente
cuando una empresa te metió en la cárcel y te dijo
delincuente, terrorista, mala gente
cuando en la foto no te pusieron
ni hay trabajo, ni hay dinero
Cuando apareció su cuerpo y te enfadaste tanto
que todo en ti entró en colapso
y escribiendo sobre su asesinato, todo lo tuyo, también murió.
Dígame que todos ellos se murieron en su tiempo, a la cara,
díganme que no los mataron también.
Quiero hablar de ellos así,
como lxs muertxs que también me quitaron y llorarlos
también desde ahí,
frente a un pequeño mármol que les devuelva,
todo lo que les quitaron delante de mí.

36.   **A RUBÉN HERRERA**

A Cecilia Mérida

Dicen que el cuerpo guarda todo.
Tras 7 minutos,
casi resucitaste entre nosotrxs.

Mi cuerpo canta con el tuyo
Cuchumatanes escarpados de guerra.
Hoy se volvió carne
toda esa esperanza
de que hay vida detrás de la vida
aun atravesando la muerte
rostro a rostro.

*Rubén Herrera, originario de Necta (Huehuetenango) luchó toda la vida por su país. Desde su juventud militó en espacios organizativos estudiantiles en los tiempos en los que eso suponía la desaparición, la tortura y la muerte. También se organizó en una de las guerrillas de Guatemala en el periodo de la guerra interna/dictaduras, en la llamada el MRP-Ixim. Tras los Acuerdos de Paz se involucró en la defensa del territorio y la vida de su región.

Fue preso político por la defensa del río Q'amb'alam en el 2013, tras ser liberado siguió defendiendo su territorio hasta el día de su muerte, el 2020, por Covid.
El impacto en su salud tras el encarcelamiento injustificado

e injusto hicieron que tuviera una crisis muy grave en el año 2017, resultando estar 7 minutos muerto.

La resistencia se hizo cuerpo en ese instante, donde, como tantas veces a lo largo de su vida, le ganó el pulso a la muerte y las propuestas de autoritarismo con las que tuvo que batallar toda su vida.

NADIE SE ACOSTUMBRA

Nadie se acostumbra
a que se muera la gente
a que de un día y para siempre
todo sea un recuerdo.
La juventud es eterna, urgente.
Las décadas pesan como los párpados en un velorio
no hay como levantar de nuevo
lo que vivimos.

Cada partida amontona secretos
sobre todo, secretos.
¿Es posible llevar conmigo la velocidad en que tu
                    [mirada se encontraba con la mía?
¿Nuestra nota exacta?

Quizá agachar la cabeza y encorvar la experiencia
es lo único que sabemos
que hacen lxs que antes que nosotrxs
vieron como todxs se iban
arrinconándolxs frente a esa cuerda,
que nos separa a ellxs y nosotrxs,
de tal misterio.

¿Sabes cómo nos encontré después?
A nosotrxs,
a lxs que nos atravesó la muerte sin aviso
o aun con él, la miramos y empujamos.

Nos encontré rotxs,
perdidxs en esa ciudad de muerte,
en nuestra propia copa,
o en el fuego apagado de un cigarro.
Nos supe vagando la ciudad
como quien regresa de un infierno,
Me pregunté a menudo
¿cómo no seguimos el camino de todxs?
¿Cómo no nos guardamos de la lluvia,
cómo dejamos que cayeran
sobre nuestros rostros sus gargajos?
¿Cómo nos quisimos tan poco, cómo los odiamos tanto?

¿Cómo tuvimos en el entrecejo esa lanza,
ese baile como sin tiempo, sin cuerpo, sin mañana?

No sé cómo lo hicimos,
si fueron los pocos veranos que traíamos,
o la piel como nueva, disponible para la épica.
No sé cómo estamos vivxs.
Hoy,

nos encontré distintxs.

Ya no solo más tristes, más canosos, más andados

sino distintos.

Hoy,

vi a lxs poetas que estuvieron

detrás de nuestros ojos todo este tiempo

a quienes la belleza nos movió las células,

el roce del reloj nos abría preguntas,

y viendo a las niñas,

como surtidor nos salían bramas,

la prisa,

y ese saber *memoriado* de que somos nosotrxs

quienes hacemos girar la historia, y no al revés.

Nos encontré. Más rotxs, quizá más perdidxs,

pero con ese mismo cirio detrás de la mirada,

alumbrando el mundo.

DICHOSA

Dichosa sea el agua que me moja y me despeina,
mi jardín poblado de naufragios,
el silencio de mi casa,
la avasalladora música de mi cuerpo.

La gotera que interrumpe mi sueño
de donde nace la poesía,
las manos jardineras que intentan darle tiesto
a esta piel sin epidermis.

Dichosa esta canción desgraciada,
mi falta de paz, mis entierros.
Mi juventud apurada hasta la chusta
como sabedora de su no regreso.

Dichosa sea la locura que me colma,
el desvelo y el incierto ritmo de mi desfase,
la euforia de un vino sola
y el observar el mundo como dueña y como parte.

A mí me entierren sabedora del caos,
de una pulcritud que no existe
que sepan todas, que
siempre fui un poco triste.

Que mi perplejidad
me vuelva insecto contra la bombilla

cada noche,
que mi rugido germine en mis cuerdas vocales
de tener que callar tanto
para llegar hasta aquí.

Dichosas mis ausencias
que no hay diezmo que las colme.
Los cielos naranjas de esta urbe,
mi luto y mi silencio.

Dichosa sea esta forma cualquiera de estar en el
mundo
de exhibir todo lo que hace girar la Tierra
y tenerme hoy aquí frente a esta pantalla cantando
sola,
la dicha que me puebla.

No hay cura ni diagnóstico que calce,
son mis pies marcando el ritmo de mis sombras.
Vapor que no lloverá.
De sobra se justifica mi existencia
cuando por escrito y en voz alta
el eco de mis palabras
me llevan a casa.

El poema es mi escudo,
la retaguardia que dispara mientras huyo,
el mapa del lugar al que no puedo llegar sola,
lo que te estuve diciendo
y no tengo coraje para nombrarlo.

AGRADECIMIENTOS

Seré la tierra es hoy un libro, una unidad incapaz de enumerar todas manos que lo han traído al mundo. Para reconocer al menos a las más protagonistas hay que empezar por lxs poetas que han escuchado estos poemas entre copas, plantones y sincericidios nocturnos: Vilma Vargas, Luis Carlos Pineda, Rosa Chávez, María Martín, Rubén Ávila, Soledad Castro, Bruno Cimiano, Vanesa Escayola Carné y Dalila Ely Argueta Del Cid.

A las mejores cómplices para compartir estos poemas, las magníficas Amigas de Yoli: Mònica Guiteras, Paz Rodríguez Traverso y Muna Makhlouf.

A mi mamá Ada Aupi, que junto a Ana Cristina Santizo Garcia y Ona Trepat, buscaron la portada entre mis palabras, hasta que finalmente Aida I de Prada, la trajo al mundo.

A Carles Vidal, a Ileana Estrada y Luis Carlos Pineda por ser la mejor asesoría posible para que este texto pueda ser una excusa para romper mil silencios. A ustedes, todas mis flores.

A las montañas y cataratas que dan ritmo a estos versos, a los ojos más dignos, a las proezas de la dignidad y a los fracasos más rotundos. A todo el odio que se volvió belleza y al que está aún por transmutar.

A quienes apoyan a las que crean, a quienes construyen y acogen, a quienes gozan sin tener que aplastar a nadie, a quienes brillan y a quienes no tiene miedo cuando otra brilla.

A quienes en la poesía encuentran su verdad y la hacen común.

A todxs lxs amigxs que ya no están, y a todxs los que sí, y siguen empapelando, escribiendo, denunciando y haciendo este presente un lugar mejor.

A mis amigxs, familia escogida y comunidades construidas para convivir y subvertir, no sería nada sin ustedes.

A mis 8 hermanxs y a mi segundo papá Pep, por ser todo.

A Sandra Merino, por hacer de su casa la casa de cualquier propuesta loca que una quiera tener.

A Irene Santiago, por sostener lo mas incómodo de este proceso, y a todas las que, como ella, tras bambalinas, hacen que nosotras tomemos los micrófonos.

A todas las exnovias y examantes, por aguantar esta poca paz y abrazarme.

Gracias a todas las personas que pensaron que participar en el Verkami, era una buena idea, a quienes lo difundieron, y a quienes les dieron ganas de seguir escribiendo.

A todxs con quienes alguna vez me organicé, con quienes tomamos lo que era nuestro y de todxs, con quienes defendimos la vida.

VERKAMI

ÍNDICE

«Si el Pol·len en es el conocimiento, nuestro objetivo es transferir Pol·len desde las autoras a las lectoras, donde germina haciendo posible la producción de semillas, y estas, multiplican el(s) conocimiento(s)»

En el proceso de elaboración de este libro hemos seguido criterios de ecoedición con el objetivo de reducir el impacto ambiental de la

producción y asegurar la aplicación de prácticas de protección del medio ambiente. Cómo veréis en la página siguiente, tres criterios son verificados por el Instituto del ecoedición y son:

1. Producción local: el libro ha sido impreso en su territorio de distribución.

2. Uso de papel FSC: el papel está certificado.

3. Cálculo y comunicación de la huella ecológica.

Además, en este libro, hemos aplicado los siguientes criterios:

4. Ecodiseño. En el diseño de estos libros hemos tenido en cuenta aspectos como utilizar medidas estándares para ahorrar papel o utilizar pocas pastillas de color.

5. Gestión ambiental. Trabajamos con organizaciones que disponen de un Sistema auditado de Gestión Ambiental.

6. Tintas con aceites de origen vegetal. Este libro ha sido impreso con tintas con aceites de origen vegetal.

7. Impresión digital. Por las características del libro, hemos optado por la impresión en sistema digital, ahorrando así 101 gramos de CO_2 equivalente.

9. Planchas. Las planchas con las que se ha impreso este libro utilizan sistemas UCR para ahorrar tinta.

10. Tirada ponderada. Para la impresión de este libro hemos utilizado un sistema crowfunding (Verkami) para ponderar la tirada y no generar stock innecesario.

11. Licencias de obra. Este libro se distribuye bajo una licencia Creative Commons en la modalidad de Reconocimiento-No Comercial-Sin Obras Derivadas.

12. Energía renovable. Este libro ha sido impreso a una imprenta que se provee de energía renovable en un 33%.

13. Banca ética. Solo trabajamos con entidades financieras definidas como éticas: Triodos Bank y Coop57.

14. Buen vivir. En este proyecto las personas están en el centro. Esto quiere decir que hemos tomado medidas de satisfacción, de conciliación, de bienestar, de flexibilidad y de felicidad, combinando las necesidades del colectivo y de las personas que formamos parte.

15. Compensación. Las emisiones de CO_2 equivalente derivadas de esta publicación han sido compensadas a través de un proyecto de custodia del territorio con criterio:

El Serradet de Barneres sccl

Si quieres saber todos los criterios de ecoedición que aplicamos en Pol·len ediciones en general, visita el web: www.pol-len.cat/ecoedicio

bDAP202406190

Con este sello, el *Institut de l'Ecoedició* certifica que este título ha sido impreso siguiendo criterios de ecoedición.

Título: Seré la tierra
Editorial: Pol·len edicions
Autoría: Ana Aupi
Año: 2024
Imprenta: Qpprint
ISBN: 978-84-10255-05-0

MOCHILA ECOLÓGICA

Este cuadro resume el impacto ambiental de este ejemplar, desde su creación hasta que llega a tus manos y acaba su vida útil.

HUELLA DE CARBONO (g CO_2 eq.)	RESIDUOS GENERADOS (g)	CONSUMO DE AIGUA (L)	CONSUMO DE ENERGIA (MJ)	CONSUMO DE MATERIAS PRIMAS (g)
549	76	17	18	324
101	11	3	3	47

Estos son los AHORROS que hemos conseguido generar en este ejemplar aplicando criterios de ecoedición*
* Respecto una publicación común.

 La huella de carbono de este ejemplar es equivalente a viajar 7.43 km en autobús